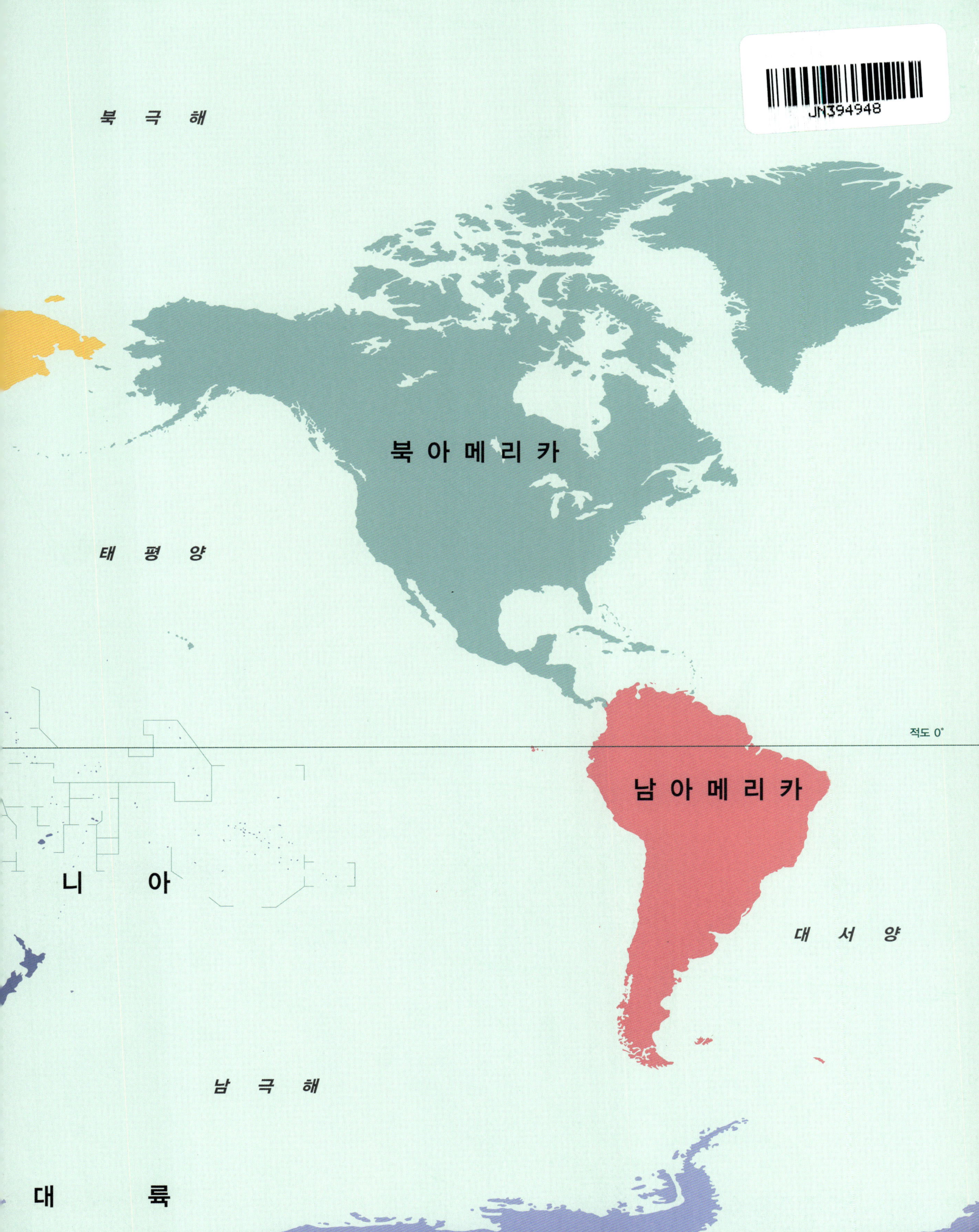

일러두기
- 국가와 수도 명칭은 초등학교 사회과 부도에 따랐습니다.
- 튀르키예는 영토의 3퍼센트가 유럽에, 97퍼센트가 아시아에 속합니다. 이 책에서는 튀르키예와 유럽 문화권과의 관계를 고려하여 튀르키예를 유럽에서 설명하였습니다.
- 러시아는 영토의 약 30퍼센트가 유럽에 속하고, 영토의 약 70퍼센트는 아시아에 속하는 국가입니다. 이 책에서는 러시아와 과거 소련(현재의 러시아)에서 분리 독립한 아시아 국가들을 연계해 설명하기 위해, 러시아를 아시아에서 설명하였습니다.
- 국경 가운데 점선(----)으로 표시한 부분은 분쟁 중인 곳을 말합니다.

어린이를 위한
세계 지도책

아빠와 함께 지구 한 바퀴

신지혜 글 | 나수은 그림

차례

떠나요, 세계로!　　　　　　　　　　　　　　　　　　4-5

한눈에 보는 아메리카　다양한 인종과 문화가 뒤섞인 넓은 대륙　6-7
　　캐나다와 북극권　　　　　　　　　　　　　　　　8-9
　　미국 서부　　　　　　　　　　　　　　　　　　　10-11
　　미국 동부　　　　　　　　　　　　　　　　　　　12-13
　　멕시코와 중앙아메리카　　　　　　　　　　　　　14-15
　　브라질과 남아메리카 북부　　　　　　　　　　　　16-17
　　아르헨티나와 남아메리카 남부　　　　　　　　　　18-19

한눈에 보는 아프리카　아픈 역사를 딛고 일어서고 있는 검은 대륙　20-21
　　이집트와 아프리카의 여러 나라들　　　　　　　　22-23

한눈에 보는 유럽　'유럽 연합'을 통해 하나 되는 문화 선진국　24-25
　　영국과 아일랜드　　　　　　　　　　　　　　　　26-27
　　에스파냐와 포르투갈　　　　　　　　　　　　　　28-29
　　프랑스와 모나코　　　　　　　　　　　　　　　　30-31
　　독일과 오스트리아, 스위스　　　　　　　　　　　32-33
　　이탈리아　　　　　　　　　　　　　　　　　　　34-35
　　네덜란드와 벨기에, 룩셈부르크　　　　　　　　　36-37
　　체코와 주변의 여러 나라들　　　　　　　　　　　38-39

그리스와 튀르키예	40-41
핀란드와 북유럽의 여러 나라들	42-43

한눈에 보는 오세아니아 아름다운 섬들이 모여 있는 지상 낙원   44-45

오스트레일리아와 뉴질랜드	46-47

한눈에 보는 아시아 역사와 전통이 살아 있는 가장 큰 대륙   48-49

러시아와 중앙아시아	50-51
중국과 몽골	52-53
타이와 동남아시아	54-55
이란과 서남아시아	56-57
인도와 남아시아	58-59
일본	60-61
대한민국	62-63
다음에 또 가고 싶어요!	64-65
찾아보기	66-68

떠나요, 세계로!

수호가 학교에서 지리를 가르치는 아빠와 함께 세계 여행을 떠납니다.
수호는 오랫동안 이번 여행을 손꼽아 기다렸습니다.
"수호야, 여행 갈 준비는 다 되었지? 각 나라의 지도와 소개 책자, 카메라도 잊지 않았고?
그 나라를 이해하고, 가고 싶은 곳을 찾아가는 데 지도는 아주 중요하단다.
또 우리가 본 것을 기록으로 남기려면 카메라도 빠뜨리면 안 되지.
아, 비행기표와 기차표도 챙겼지?"
"그럼요. 확인하고 또 확인했다니까요."
옆에 서 계시던 엄마의 눈에 살짝 눈물이 맺혔습니다. 수호가 씩씩하게 말했습니다.
"엄마, 걱정 마세요. 아빠랑 이곳저곳 두루 둘러보고 잘 다녀오겠습니다."
아빠와 수호는 집을 나섰습니다.

우리가 사는 지구는 다섯 개의 큰 바다(태평양, 대서양, 인도양, 북극해, 남극해)와 여섯 개의 큰 대륙(아시아, 유럽, 아프리카, 오세아니아, 남아메리카, 북아메리카)으로 이루어져 있습니다. 전 세계에는 약 80억 명의 사람들이 살고 있습니다. 신체적, 지역적 특성이 비슷한 사람들의 집단을 '인종'이라고 하는데, 크게 백인종, 흑인종, 황인종으로 구분할 수 있습니다. 사람들은 전 세계 190여 개의 나라에서 각자 고유한 문화를 만들며 살고 있습니다.

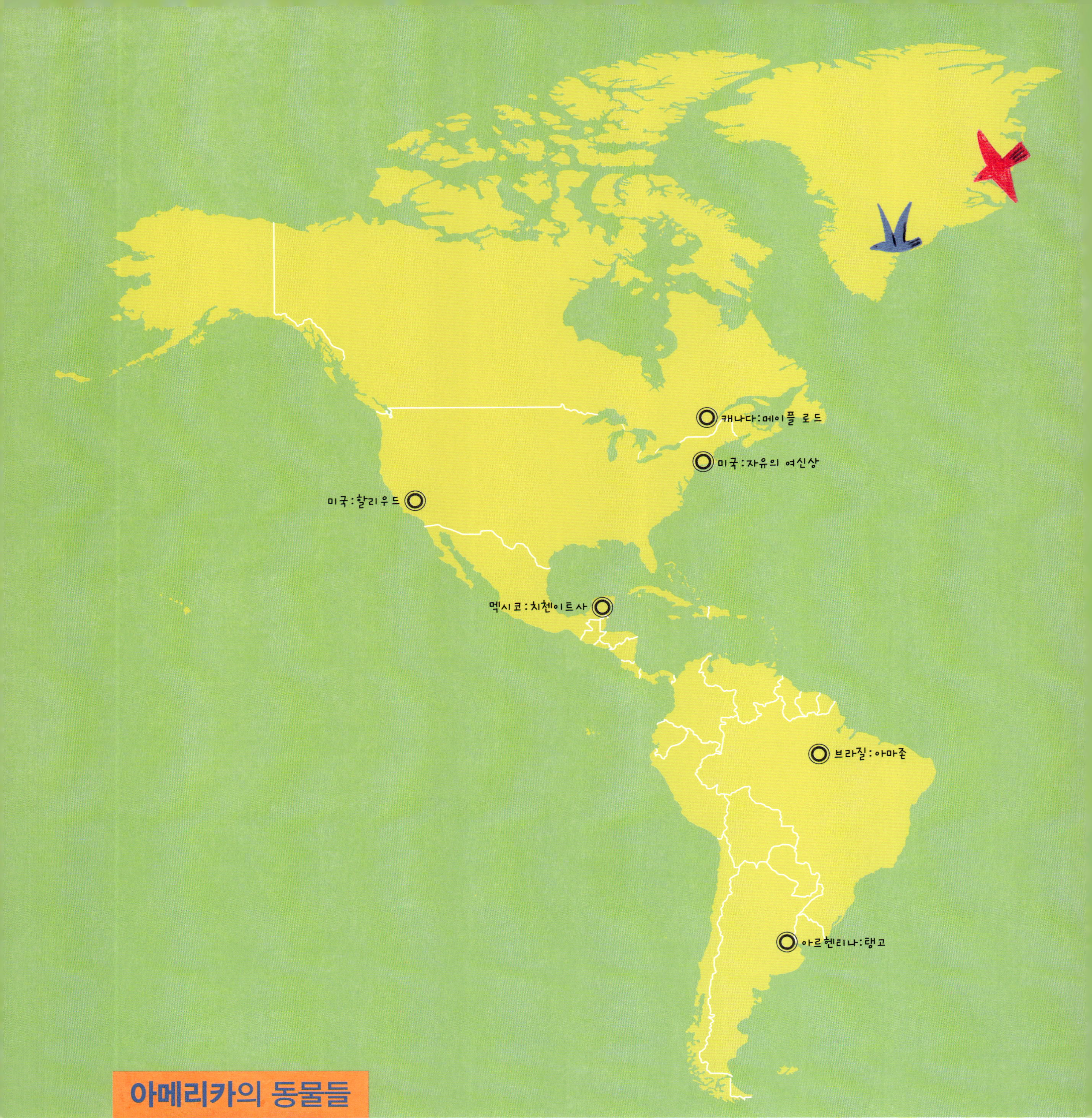

○ 캐나다 : 메이플 로드
○ 미국 : 자유의 여신상
○ 미국 : 할리우드
○ 멕시코 : 치첸이트사
○ 브라질 : 아마존
○ 아르헨티나 : 탱고

아메리카의 동물들

▲ 긴수염고래

▲ 콘도르

▲ 북극곰

수호랑 아빠가 가장 인상 깊었던 곳이에요!

- 캐나다 : 메이플 로드
- 미국 : 자유의 여신상
- 브라질 : 아마존
- 미국 : 할리우드
- 멕시코 : 치첸이트사
- 아르헨티나 : 탱고

한눈에 보는 아메리카

다양한 인종과 문화가 뒤섞인 넓은 대륙

아메리카는 태평양과 대서양 사이에 남북으로 길게 뻗어 있는 대륙입니다. 오래전부터 아메리카 원주민들이 살던 곳이지만, 유럽 사람들의 탐험으로 세상에 알려졌습니다. '아메리카'라는 이름도 이탈리아의 탐험가 '아메리고 베스푸치'에서 유래한 것입니다. 북아메리카에는 캐나다와 미국, 멕시코 외에도 20여 개의 작은 나라들이 있고, 남아메리카에는 아르헨티나, 브라질, 칠레 등 10여 개의 나라들이 있습니다. 남아메리카에는 세계에서 가장 넓은 숲인 아마존 열대 우림과 세계에서 가장 긴 산맥인 안데스 산맥이 있습니다. 북아메리카에는 영국과 프랑스 이민자들의 후손이 많이 살고 있고, 남아메리카에는 원주민인 인디오와 유럽 사람들의 혼혈인들이 많습니다. 아메리카 대륙은 음식과 종교 등에서 다양한 문화가 혼합된 모습으로 남아 있습니다.

캐나다와 북극권

캐나다는 아메리카 대륙의 가장 북쪽에 있는 나라입니다. 러시아에 이어 세계에서 두 번째로 넓은 나라로, 지역에 따라 기후가 다양하며 천연자원이 풍부하고 자연환경이 아름답습니다. 북극권은 아메리카, 아시아, 유럽의 북쪽을 포함한 북반구의 고위도 지대(위도 66도 이상)를 일컫습니다. 일 년 내내 춥기 때문에 바다에는 두꺼운 얼음이 항상 떠 있습니다.

아름다운 단풍나무 길, 메이플 로드

처음으로 도착한 나라는 캐나다입니다.
비행기를 오래 타서 피곤했지만, 수호는 들뜬 기분을 감출 수 없었습니다.
나이아가라 폭포에서 퀘벡 주에 이르는 메이플 로드를 달리던 아빠가
울긋불긋 단풍으로 물든 산을 내다보며 물었습니다.
"수호야, 캐나다의 상징이 뭔지 아니?"
"아이스하키? 로키 산맥? 음…… 알았다! 캐나다 국기에 그려진 단풍잎! 맞죠?"
"맞아, 그래서 국기에 나라를 상징하는 단풍잎을 그려 넣은 거란다."
"그런데 아빠, 한참을 달려왔는데도 끝이 안 보여요."
"이 길은 무려 800킬로미터나 된단다. 서울에서 부산까지의 거리보다 훨씬 길지.
단풍나무는 나라를 아름답게 물들일 뿐만 아니라 영양가 높은 시럽의 원료가 되기 때문에
캐나다 사람들의 사랑을 듬뿍 받고 있단다. 팬케이크 먹을 때 찍어 먹는 시럽 알지?"
"그럼요! 아빠, 팬케이크 사 주세요. 갑자기 배가 고파졌어요."
"좋아! 금강산도 식후경이랬으니, 팬케이크부터 먹으러 갈까?"
아빠와 수호는 시럽을 듬뿍 뿌린 팬케이크를 맛있게 먹었습니다.

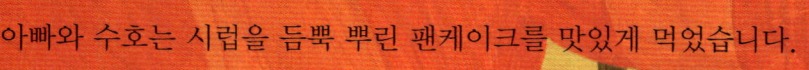

미국 서부

미국은 인구와 면적이 세계 3위에 달하며 국내 총 생산(GDP)이 세계 1위인 경제 대국입니다. 미국 서부의 해안 지역은 일 년 내내 날씨가 온화하여 많은 사람들이 모여 살고 있습니다. 체리, 호두 등의 농업이 발달했으며 샌프란시스코 주변 실리콘 밸리는 첨단 과학 연구소가 밀집해 미국의 경제 발전을 이끌고 있습니다.

영화의 중심, 할리우드

수호와 아빠는 미국에서 두 번째로 큰 도시 로스앤젤레스에 도착했습니다.
"수호야, 너 영화 좋아하지?"
"그럼요, 와! 저 간판 텔레비전에서 봤어요. 할리우드 맞죠?
그런데 아빠, 왜 할리우드에서 영화가 많이 만들어지는 거예요?"
"그건 날씨와 풍경 때문이란다. 할리우드는 구름도 적고 맑은 날이 많아서
오랜 시간 영화를 찍을 수 있고, 아름다운 풍경을 자랑하기 때문에
많은 영화사들이 자리 잡고 있지."
수호가 바닥에 찍힌 영화배우들의 손도장을 보고 소리쳤습니다.
"아빠, 영화 '해리포터' 주연 배우들의 손도장도 찍혀 있어요.
친구들한테 자랑해야 하니까 빨리 사진 찍어 주세요."
수호는 영화인들의 숨결이 살아 있는 할리우드 거리에서 영화배우처럼
멋진 자세를 취하며 사진을 찍느라 시간 가는 줄 몰랐습니다.

미국 동부

미국은 종교의 자유와 부를 찾아 떠난 유럽 인들이 아메리카 원주민들이 살던 땅 아메리카에 자리 잡으면서 세운 나라입니다. 특히 유럽 인들이 일찍 자리를 잡은 미국 동부 지역은 미국 독립 초기부터 발달했습니다. 대표 도시로는 미국 대통령이 지내는 백악관이 있는 수도 워싱턴, 세계 경제의 중심지인 뉴욕 등이 있습니다.

뉴욕의 상징, 자유의 여신상

뉴욕에 도착한 수호는 유람선을 타고 바다 위에 서 있는 커다란 동상을 보았습니다.
"아빠, 저 큰 동상이 자유의 여신상이지요?"
"맞아. 미국 독립 100주년을 기념하여 프랑스가 우정의 상징으로 선물한 거지. 받침대부터 횃불까지의 높이가 약 93미터, 집게손가락 하나가 약 2.5미터나 된단다. 여신상 왕관에 달린 일곱 개의 뿔은 아시아, 유럽, 아프리카, 남아메리카, 북아메리카, 오세아니아, 남극 대륙까지 총 일곱 대륙을 상징하고, 오른손에 든 횃불은 자유를 상징하지. 왼손에 들고 있는 건 미국의 독립 선언서란다. 큰 꿈을 안고 미국으로 이민 온 많은 사람들이 자유의 여신상을 보며 희망을 가졌다는구나."
수호는 자유의 여신상을 바라보며 새롭게 펼쳐질 내일을 기대했습니다.

멕시코와 중앙아메리카

멕시코는 과거 마야 문명과 아즈텍 문명 같은 고도로 발달한 토착 문명이 번성했던 곳입니다. 중앙아메리카는 북아메리카와 남아메리카를 이어 주는 지역에 자리하고 있습니다. 커피와 바나나를 주로 수출하고, 과거 에스파냐의 지배를 받았던 곳이 많아 그 영향으로 중앙아메리카 지역 주민의 대부분이 가톨릭교를 믿고 있습니다.

마야의 도시 치첸이트사

수호와 아빠는 마야 문명의 유적지 치첸이트사로 향했습니다.

"치첸이트사에서 가장 신비로운 신전이 바로 쿠쿨칸의 신전이라고도 불리는 '엘 카스티요'란다. 마야 인들은 깃털을 가진 뱀이라는 뜻의 쿠쿨칸을 숭배했어. 신전 아랫부분에 뱀 모양을 한 석상이 바로 쿠쿨칸이란다."

"우아! 진짜 크다. 높이가 30미터는 되는 것 같아요. 천 년 전에 이렇게 큰 건축물을 어떻게 만들 수 있죠?"

"크기만 보고 놀란다면 마야 인들이 섭섭해할걸. 신전으로 올라가는 계단의 수와 꼭대기에 있는 신전을 합하면 365라는 숫자가 나온단다."

"1년 365일과 꼭 같네요."

"그뿐인 줄 아니? 낮과 밤의 길이가 같아지는 춘분과 추분이 되면 신전에 꼭 뱀이 기는 듯한 모습의 그림자가 생기는데, 그 그림자가 계단을 내려와서 계단 밑에 있는 뱀 머리 석상으로 사라진다고 해. 정말 대단하지?"

수호는 이토록 훌륭한 문명을 이룩한 마야 인들이 왜 갑자기 사라졌는지 의아했습니다.

브라질과 남아메리카 북부

카리브 해에서 남극까지 고깔 모양으로 뻗은 남아메리카 대륙은 지역에 따라 기후가 다양합니다. 특히 적도 부근에 위치한 북부 지역은 무덥고 습한 기후 때문에 사람들이 시원한 고원 지대에 모여 살고 있습니다. 남아메리카 북부 지역은 더운 날씨를 이용해 고무, 사탕수수, 커피 등을 재배하고 석유, 주석 등의 천연자원을 수출하고 있습니다.

생명의 땅 아마존

"정글 숲을 지나서 가자. 엉금엉금 기어서 가자."
고요한 물길을 가르며 아마존을 탐험하던 수호가 흥얼흥얼 노래를 불렀습니다.
"수호야, 적도 부근은 덥고 비가 많이 오기 때문에 무성한 숲이 생긴단다.
이런 숲을 열대 우림이라고 부르는데, 특히 브라질의 아마존 강 주변에 발달했지."
"텔레비전에서 아마존 숲이 불타고 있는 장면을 봤어요."
"그래. 1초에 축구장만 한 넓이의 숲이 사라진다고 하니 걱정이구나. 아마존에는 다양한 생물들이 살고 있고, 아마존은 지구의 허파라고 불릴 정도로 중요한 곳인데 금이나 목재, 철광석을 얻기 위해 숲에 불을 내고 있다니……."
"조금 전에 봤던 원숭이들도 숲이 사라져서 집을 잃으면 어쩌죠?"
수호는 아마존의 동물들이 걱정되어 마음이 아팠습니다.

아르헨티나와 남아메리카 남부

남아메리카 남부는 서쪽의 높고 험한 안데스 산맥, 팜파스라고 불리는 대초원, 남쪽 끝에 있는 빙하까지 다양한 자연환경을 이루고 있습니다. 우리가 즐겨 먹는 감자와 옥수수의 원산지가 바로 안데스 산맥입니다. 남아메리카 남부 지역의 나라들은 금, 은, 구리 등의 천연자원과 팜파스 초원을 이용한 목축업으로 수입을 얻고 있습니다.

정열의 아르헨티나, 탱고

아르헨티나의 시장 한가운데에서 남녀 한 쌍이 음악에 맞추어 춤을 추고 있었습니다.
"아빠, 춤추는 동작은 아름다운데 음악이 조금 슬퍼요. 왜 신이 나지 않아요?"
"아르헨티나를 대표하는 음악이자 춤인 탱고란다. 탱고의 역사를 함께한 사람들이 느꼈을 슬픔과 체념이 묻어 있어 그런지, 음악이 마냥 흥겹지는 않구나."
"어떤 사람들이었는데요?"
"비행기에서 내려다봤던 넓은 초원 기억하지? 바로 팜파스란다. 19세기 후반에 냉동선이 발달하자, 목축이 이루어지던 팜파스가 유럽에 소고기를 공급하는 농장으로 개발되면서 많은 노동력이 필요했어. 그러자 많은 유럽 인들이 일자리를 찾기 위해 이곳 아르헨티나의 부에노스아이레스로 이주했단다. 그 이주자들이 고된 하루 일을 마치고 탱고를 즐기며 마음을 달래면 고향과 가족이 생각나지 않았을까?"
"기쁠 때나 슬플 때나 음악을 듣고 춤을 추는 그 마음을 알 것 같아요."
탱고 음악을 듣던 수호도 갑자기 한국에 계신 엄마가 생각났습니다.

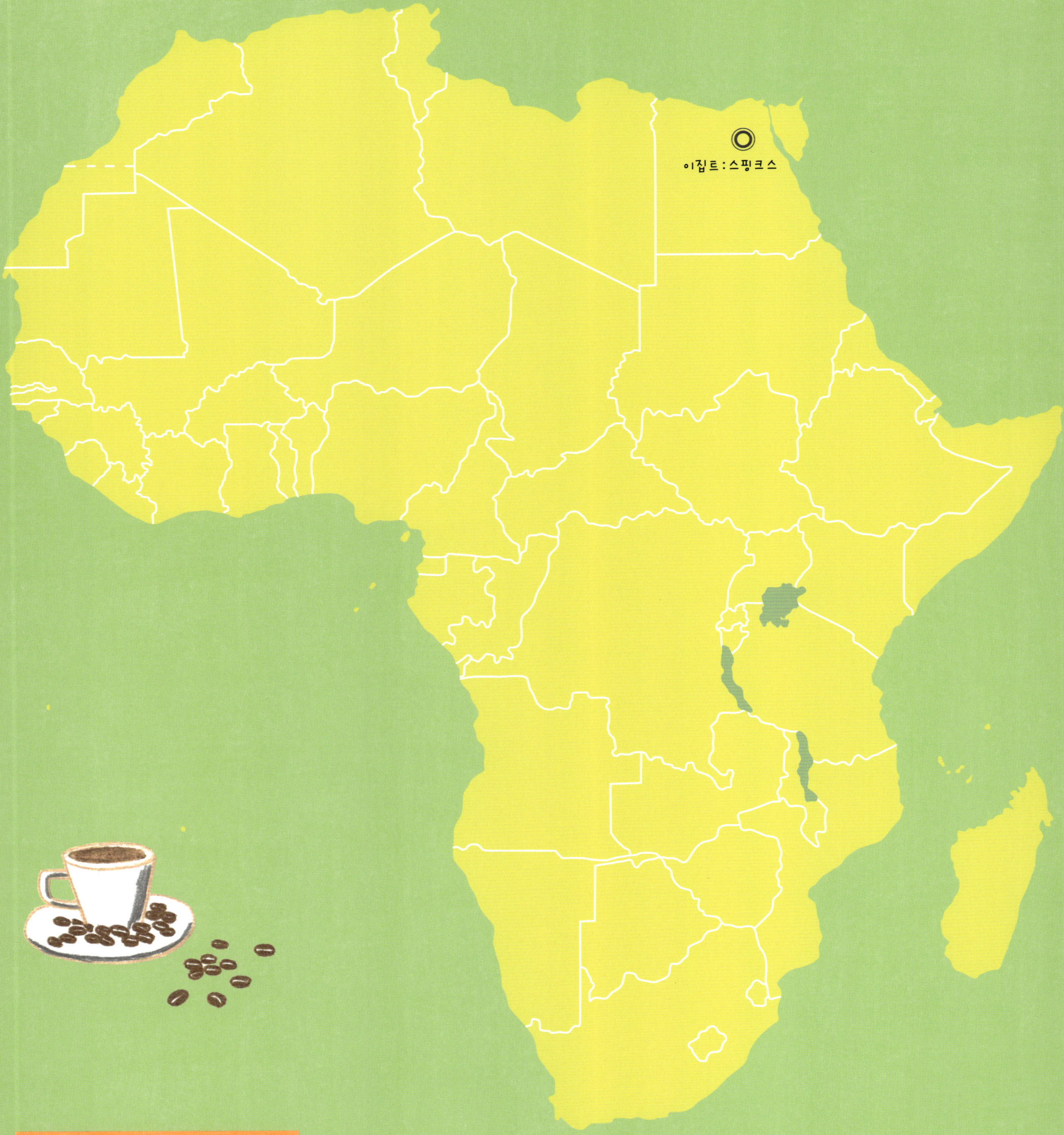

이집트 : 스핑크스

아프리카의 동물들

▲ 치타

▼ 나일악어

▲ 그레비얼룩말

수호랑 아빠가 가장 인상 깊었던 곳이에요!

• 이집트 : 스핑크스

한눈에 보는 아프리카

아픈 역사를 딛고 일어서고 있는 검은 대륙

아프리카는 세계에서 아시아 다음으로 두 번째로 큰 대륙입니다.
50여 개의 나라가 있고, 10억 명이 넘는 사람들이 살고 있으며
아프리카 대륙에서 사용되는 언어만 해도 1,000여 개가 넘습니다.
아프리카 북쪽에는 세계 최대의 사막인 사하라 사막이 있고
적도가 지나는 가운데 지역은 밀림이 우거져 있으며, 남쪽에는 건조한 초원이
넓게 펼쳐져 있어 다양한 기후와 자연환경을 만날 수 있습니다. 또한
일부 국가에서는 금, 다이아몬드, 철, 석유 같은 지하자원이 생산됩니다.
19세기에서 20세기 초 아프리카의 많은 나라들이 유럽의
식민 지배를 받기 시작했습니다. 이때 서양의 자본과 기술로 대규모 농장을
만든 다음, 코코아나 커피 같은 농작물을 아프리카 원주민의 노동력을 이용해
재배하는 '플랜테이션 농업'이 이루어졌습니다. 식민 지배에서 벗어난 지금도
아프리카 대륙의 많은 나라들이 여전히 질병과 굶주림, 가난으로
어려움을 겪습니다.

이집트와 아프리카의 여러 나라들

이집트는 아프리카 대륙의 북쪽 지중해 연안에 있는 나라로, 세계에서 가장 먼저 인류 문명을 발달시킨 '세계 4대 문명' 중 하나인 '이집트 문명'의 발상지입니다. 나일 강이 자주 넘치면서 비옥한 흙이 쌓인 덕에 일찍부터 농사가 발달할 수 있었습니다. 아프리카 북부에는 넓은 사하라 사막이 펼쳐져 있고, 아프리카 동부에는 깊고 큰 호수들이 여럿 있습니다.

스핑크스의 수수께끼를 풀어라

"수호야, 아침엔 네 발, 낮에는 두 발, 밤에는 세 발로 걷는 짐승이 뭘까?"
"사람이요! 고대 신화에 나오는 수수께끼잖아요. 얼굴은 사람이고 몸은 사자인 스핑크스가 그 문제를 내고, 못 맞히는 사람은 잡아먹는다는 바로 그 문제!"
"맞아. 이제 이집트 카프레 왕의 피라미드 앞에 있는 스핑크스를 보러 갈 거란다."
"아빠, 이집트 사람들은 왜 스핑크스를 만든 거예요?"
"이집트의 왕들은 영원한 삶을 누리고 싶어 했어. 죽은 뒤에도 자신의 몸을 미라로 만들면 다른 세상에서 영원히 살 수 있다고 믿었단다. 그래서 많은 부장품과 함께 무덤에 묻혔지. 그 무덤을 지켜 달라는 의미로 스핑크스를 조각한 거야. 돌이나 벽돌을 이용해서 만든 이집트의 거대한 무덤인 피라미드는 알지?"
"그럼요, 알고 있어요."
"그래. 피라미드 중에서도 4천 5백 년 전에 만들어진 쿠푸 왕의 피라미드가 가장 유명한데, 높이가 약 147미터, 밑변의 길이가 무려 230미터나 된다는구나. 정말 대단하지?"
수호는 책에서만 보던 피라미드를 직접 보고 입을 다물지 못했습니다.

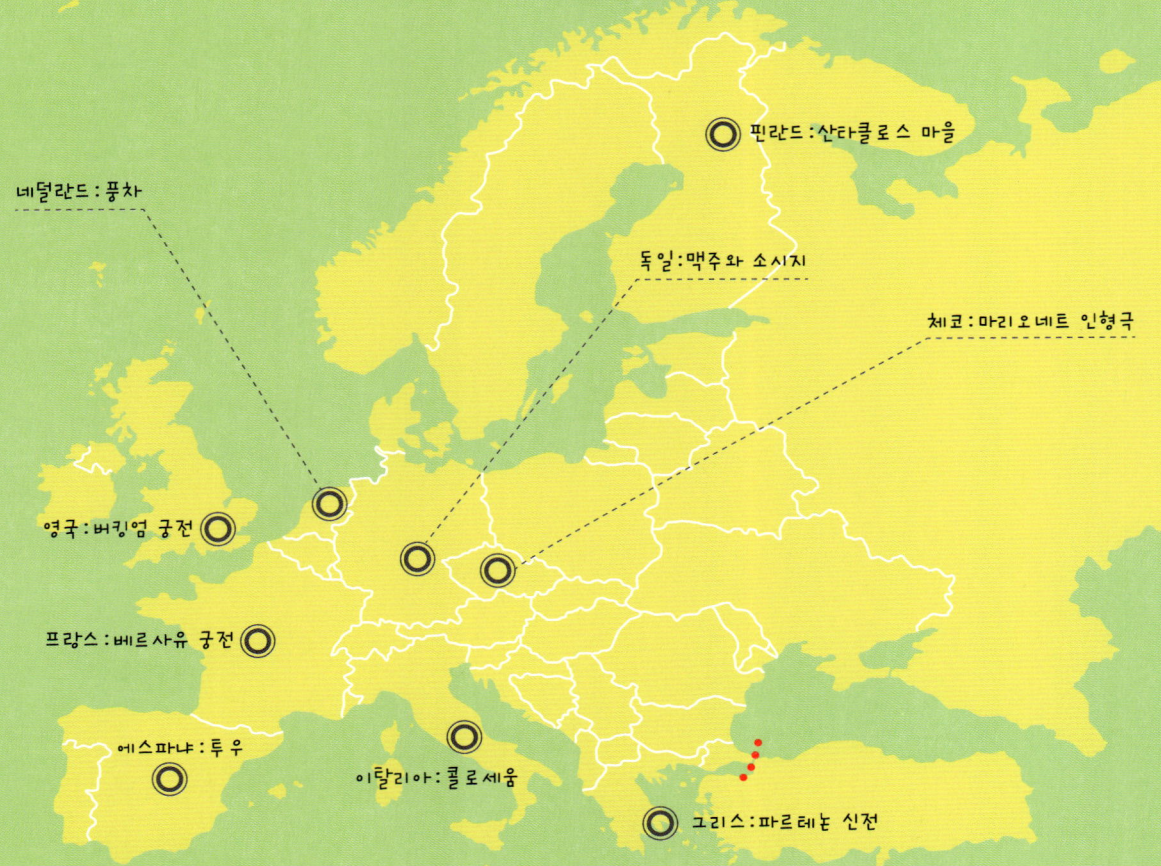

네덜란드: 풍차
핀란드: 산타클로스 마을
독일: 맥주와 소시지
체코: 마리오네트 인형극
영국: 버킹엄 궁전
프랑스: 베르사유 궁전
에스파냐: 투우
이탈리아: 콜로세움
그리스: 파르테논 신전

유럽의 동물들

▲ 철갑상어

▲ 대서양퍼핀

▲ 북극여우

수호랑 아빠가 가장 인상 깊었던 곳이에요!

- 영국: 버킹엄 궁전
- 프랑스: 베르사유 궁전
- 이탈리아: 콜로세움
- 체코: 마리오네트 인형극
- 핀란드: 산타클로스 마을
- 에스파냐: 투우
- 독일: 맥주와 소시지
- 네덜란드: 풍차
- 그리스: 파르테논 신전

한눈에 보는 유럽

'유럽 연합'을 통해 하나 되는 문화 선진국

유럽은 대서양의 섬나라 영국과 아이슬란드부터 러시아의 우랄 산맥까지,
스칸디나비아 반도부터 지중해에 이르는 지역입니다. 북쪽 일부 지역과
알프스 산맥을 제외하고는 땅이 평평하고 날씨가 따뜻하여 농사짓기에 좋습니다.
그러나 좁은 지역에 많은 국가들이 세워진 데다가 여러 인종들이 살고 있어
국가 간의 갈등도 많았습니다. 두 차례 일어났던 세계 대전도 모두 유럽에서 발발하였습니다.
하지만 지금은 유럽의 많은 국가들이 '유럽 연합(EU)'이라는 공동체에 가입해
정치, 경제적으로 도움을 주고받고 있으며, 유럽 연합에 속한 나라들 중
상당수의 나라는 '유로'라는 공통 화폐를 사용합니다.
제국주의 시대에는 유럽 강대국들이 전 세계에 식민지를 건설하면서 세계 곳곳에 영향력을
미쳤습니다. 이 외에도 유럽에서 시작된 산업 혁명과 시민 혁명 등이 세계로 퍼져 나가면서
다른 나라들의 발전과 변화에 많은 영향을 주었습니다.

영국과 아일랜드

영국은 유럽 대륙의 서쪽에 있는 섬나라입니다. 정식 명칭은 '그레이트 브리튼 북아일랜드 연합 왕국'으로 잉글랜드, 스코틀랜드, 웨일스, 북아일랜드의 4개 지역으로 이루어진 국가입니다. 16세기에서 19세기에 걸쳐 전 세계에 많은 식민지를 거느리며 큰 힘을 발휘했기 때문에 '해가 지지 않는 나라'라는 별칭이 붙었습니다. 아일랜드는 7백 년 동안이나 영국의 지배를 받았지만 오랜 독립운동 끝에 1921년 독립했습니다.

영국 여왕의 집, 버킹엄 궁전

"아빠, 보세요! 저기 말 탄 근위병들이에요."
근위병들의 멋진 행진에 수호가 눈을 떼지 못했습니다.
"버킹엄 궁전을 지키는 근위병들은 저렇게 매일 교대식을 한단다.
빨간 제복과 까만 털모자가 인상적이지?
버킹엄 궁전은 1837년부터 영국 왕과 왕비의 공식 궁전으로 쓰이고 있어."
"그럼 지금 궁 안에 영국 여왕님이 계시겠네요?"
수호가 궁금한 듯 얼른 되물었습니다.
"어디 보자, 영국 국기가 걸려 있는 걸 보니 지금은 안 계시는구나.
왕이나 여왕이 버킹엄 궁전에 계실 때는 영국 왕실을 상징하는 왕실기를 걸고,
안 계실 때는 영국 국기를 걸거든."
"아, 아쉽다. 여왕님 만나 뵙고 싶었는데……."
"하하, 여왕님은 네가 시간이 된다고 해서 만나 주지는 않으실 거란다."
수호는 못내 아쉬운 표정을 지었습니다.

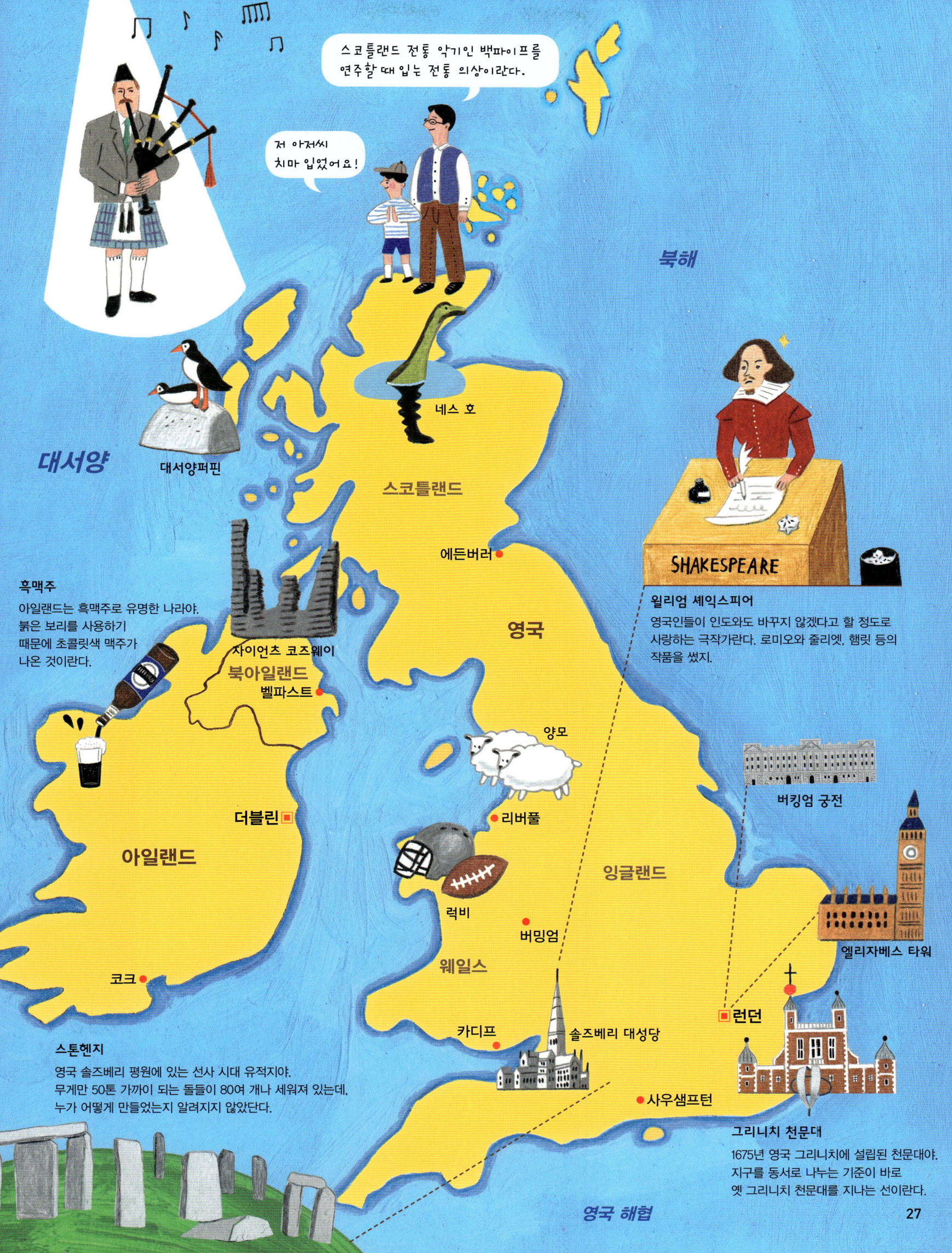

에스파냐와 포르투갈

에스파냐와 포르투갈은 지중해 서쪽으로 아프리카 대륙과 마주하는 이베리아 반도에 있습니다. 대서양 연안에 자리 잡은 이 두 나라는 바다를 이용한 해상 무역이 발달했으며, 15세기에서 16세기에는 적극적인 탐험으로 식민지 확보에 앞장서기도 했습니다. 따뜻한 기후를 이용한 농업과 수산업이 발달했으며, 역사 깊은 도시가 많아 매년 수많은 관광객으로 활기가 넘칩니다.

투우

아빠와 수호는 사람들로 북적이는 투우장에 자리를 잡았습니다.
"수호야, 우리나라 태권도처럼 국가를 대표하는 운동 경기를 '국기'라고 하는데
에스파냐의 국기가 뭔지 아니? 바로 투우란다."
"텔레비전에서 빨간 천으로 황소를 유인해 창으로 찌르는 장면은 봤어요."
"투우는 원래 농사가 잘되라고 황소를 제물로 바치던 의식에서 비롯되었단다.
17세기 말까지는 귀족들만 즐기다가, 18세기 초부터 모두가 즐기기 시작해 지금은
국민 스포츠가 되었지. 황소들을 24시간 동안 어둠 속에 가두어 놓기 때문에
경기장에 들어서면 황소들이 환한 불빛과 환호 소리에 놀라 흥분하는 거라고 하는구나."
"아빠, 황소가 너무 가여워요."
"마지막에 투우사가 '물레타'라고 불리는 빨간 천으로 소를 다루는 동작은
아름다운 춤을 연상하게 해서 투우를 예술로 이해하는 사람들도 많다는구나."
수호는 화려한 옷을 입은 투우사들이 멋있어 보이기는 했지만, 황소가 많이 불쌍했습니다.

프랑스와 모나코

프랑스는 서유럽 중앙에 있습니다. 루이 14세, 나폴레옹 등 큰 권력을 누린 지도자도 유명하지만, 프랑스 혁명을 통해 시민들이 권리를 찾으며 유럽에 자유와 평등을 널리 알린 나라입니다. 넓고 비옥한 땅과 따뜻한 날씨 덕에 농업이 발달했으며 아름다운 건축물이 많고 패션 산업이 발달했습니다. 모나코의 정식 나라 이름은 모나코 공국으로 프랑스어를 공용어로 사용하고 있습니다.

절대 권력의 상징, 베르사유 궁전

프랑스의 수도 파리를 둘러보던 수호와 아빠는 베르사유 궁전에 도착했습니다.

"아빠, 이렇게 큰 정원은 처음이에요. 친구들이랑 김밥 싸서 놀러 오면 좋겠어요."

"정원만 보고 놀라면 안 되지. 궁전은 더 화려하고 웅장한걸. 전체 길이가 약 700미터나 된단다."

"정말요? 그런데 베르사유 궁전은 언제 만들어진 건물이에요?"

"3백 여 년 전 태양왕이라고 불리던 루이 14세가 지은 건물이지."

아빠를 따라 궁전 곳곳을 구경하던 수호는 관광객들로 붐비는 방 앞에 멈추어 섰습니다.

"거울의 방이란다. 어마어마하지? 방 길이만 70미터가 넘는단다. 왕의 결혼식이 열렸던 곳이기도 하고, 1783년 미국의 독립을 인정한 파리 조약과 1919년 제1차 세계 대전이 끝난 뒤 평화 조약이 체결되는 등 국제적 행사가 많이 열렸던 곳이란다."

수호는 마음속으로 거울의 방에서 결혼식을 올리는 모습을 그려 보았습니다.

독일과 오스트리아, 스위스

독일, 오스트리아, 스위스는 알프스 산맥을 마주해 자리 잡고 있으며 독일어를 공용어로 쓰고 있습니다.
독일과 오스트리아는 철강, 제철, 자동차 산업 등이 발달했고, 스위스는 은행업 등의 서비스업이 크게 발달했습니다.
또한 세 나라 모두 알프스 산맥의 멋진 풍경을 이용한 관광 산업이 활발하게 이루어지고 있습니다.

독일을 대표하는 맥주와 소시지

수호와 아빠가 사람들로 북적이는 노천카페에 들렀습니다.
수호가 잘 구워진 소시지를 베어 물고는, 시원하게 맥주를 들이키는 아빠를 보고 물었습니다.
"독일 사람들은 맥주와 소시지를 정말 좋아하나 봐요."
"맞아. 맥주는 독일을 대표하는 음식으로, 독일의 자연환경 덕분에 발달한 음식이란다.
독일의 물은 석회 성분이 많아서 그냥 마시기에는 맛도 없고, 건강에도 좋지 않았지.
그래서 밀이나 보리로 맥주를 만들어 마셨단다. 또 해안선이 짧고, 내륙 깊이 자리 잡은
나라라서 생선보다는 소고기와 돼지고기로 만든 소시지를 즐겨 먹게 된 거지."
"우리가 먹는 프랑크 소시지도 독일에서 온 거 맞죠?"
"그래. 독일은 각 지역마다 다양한 방법으로 소시지를 만드는데, 프랑크 소시지는
독일 프랑크푸르트라는 도시에서 처음 만들어져서 그런 이름이 붙었다고 하는구나."
수호는 소시지의 본고장에서 먹어서 그런지, 소시지가 더 맛있다고 생각했습니다.

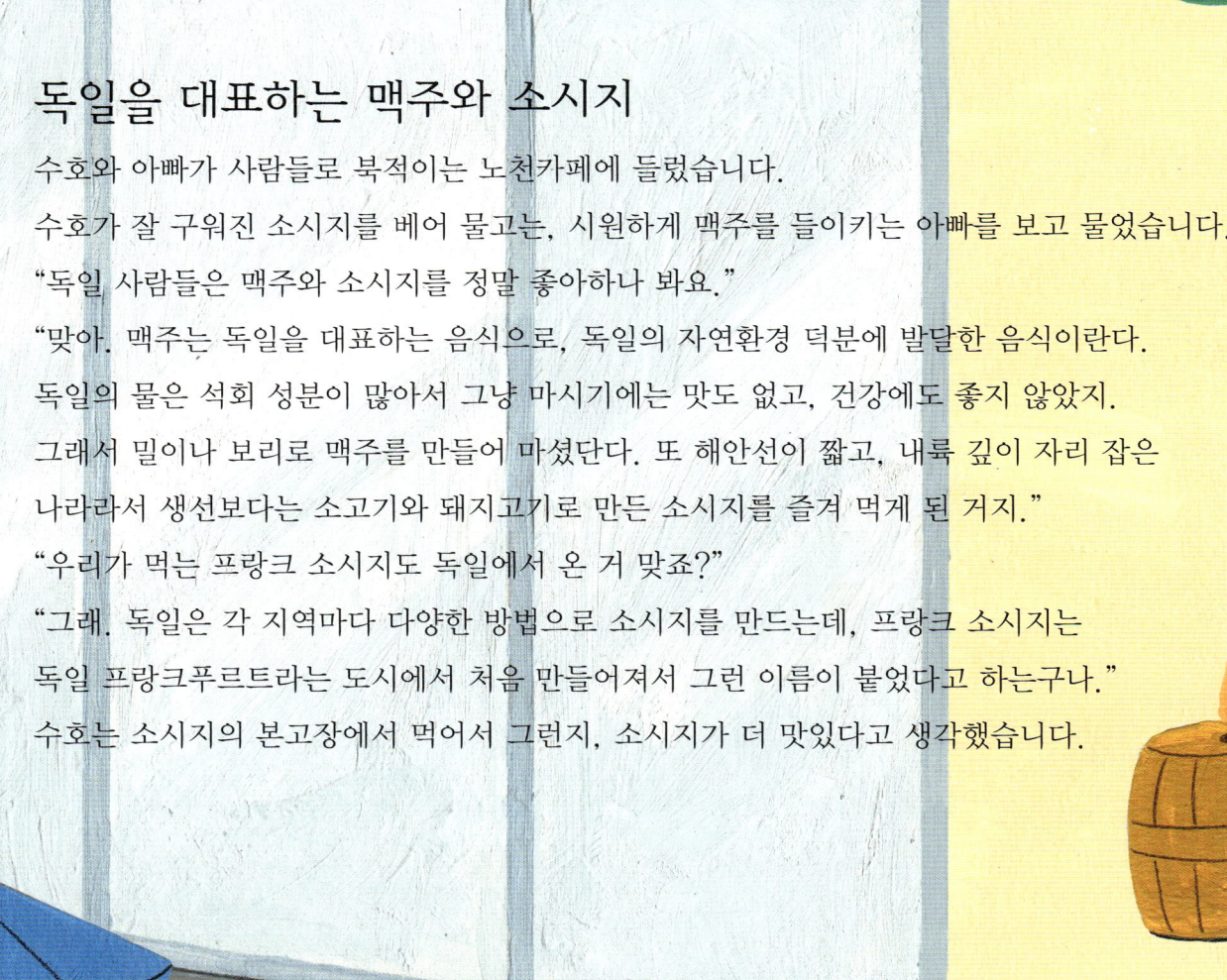

이탈리아

이탈리아는 알프스 산맥에서부터 지중해까지 장화 모양으로 길게 뻗은 반도 국가입니다. '모든 길은 로마로 통한다.'는 말처럼 옛날에는 '로마'라는 대제국이 있었지만, 로마 제국의 힘이 약해지면서 점차 여러 개의 도시 국가로 나뉘었다가 1870년 완전히 통일을 이루었습니다. 그래서 이탈리아는 로마, 피렌체, 나폴리, 밀라노 등 각각의 도시가 저마다 다른 매력을 지니고 있습니다.

콜로세움

수호는 로마에서 가장 오래된 도시 광장인 포로 로마노를 구경하고 나서
아빠가 가리키는 거대한 건축물 앞으로 걸어갔습니다.
"이 건축물이 로마의 상징이라고 할 수 있는 콜로세움이란다. 지금은 많이 부서졌지만
2천 년 전에 만들어진 것 치고는 잘 보존된 편이지?"
"2천 년 전이요?"
"그래. 로마 시대 때 만들어진 원형 경기장이란다. 3층 건물에서 5만 명이 동시에 경기를
관람할 수 있도록 설계되었으니, 로마의 건축 기술이 얼마나 뛰어났는지 알겠지?"
"주로 어떤 경기가 열렸는데요?"
"놀라지 마라. 남자들끼리 싸움도 하고, 때로는 맹수와 사람끼리 싸우고,
홍수가 났을 때는 배와 배가 싸우기도 했단다."
"영화에서 봤어요. 사람과 호랑이가 싸우는 장면이요. 너무 잔인해요!"
수호는 사진 찍기를 멈추고 먼 옛날 목숨을 잃은 많은 전사들을 떠올렸습니다.

네덜란드와 벨기에, 룩셈부르크

네덜란드, 벨기에, 룩셈부르크는 지리적으로 서로 가까이 위치해 있고 세 나라 모두 국토가 작은 편이라서 군사적, 경제적으로 자립하기에 어려움이 있었습니다. 그래서 일찍부터 서로 경제 동맹을 맺어 도움을 주고받았는데, 세 나라 이름의 앞 글자를 따 '베네룩스 경제 연합'을 맺었습니다. 그 영향으로 지금도 이 세 나라를 베네룩스라고 부릅니다. 북유럽, 영국과 가까워 일찍이 무역이 발달했습니다.

풍차

긴 열차 여행 끝에 도착한 네덜란드의 수도 암스테르담은 항구 도시답게 사람들로 북적였습니다. 운하를 따라 보트가 지나다니고, 길게 늘어선 시장에는 나무로 만든 네덜란드의 전통 신발과 각양각색의 튤립이 가득했습니다. 수호의 눈은 호기심으로 반짝였습니다.

"수호야, 네덜란드 하면 가장 먼저 떠오르는 게 뭐니?"

"그야 물론 풍차와 튤립이잖아요."

"그럼 왜 풍차와 튤립이 유명해졌는지도 아니?"

"책에서 읽었어요. 네덜란드는 국토의 25퍼센트가 해수면보다 낮아서 습지가 많았대요. 그래서 바닷물이 들어오지 못하도록 제방을 쌓고 제방 안쪽의 물을 밖으로 버리는 데 풍차를 이용한 거래요. 튤립은 17세기 초반 부유했던 상인들이 취미로 키우기 시작하면서 널리 알려졌고요. 맞죠?"

"오, 여행 전에 공부를 많이 했구나! 기특하네."

"헤헤. 이 정도는 기본이죠."

수호는 한국에서 보지 못한 여러 색의 튤립들을 가져가 마당에 심고 싶다는 생각을 했습니다.

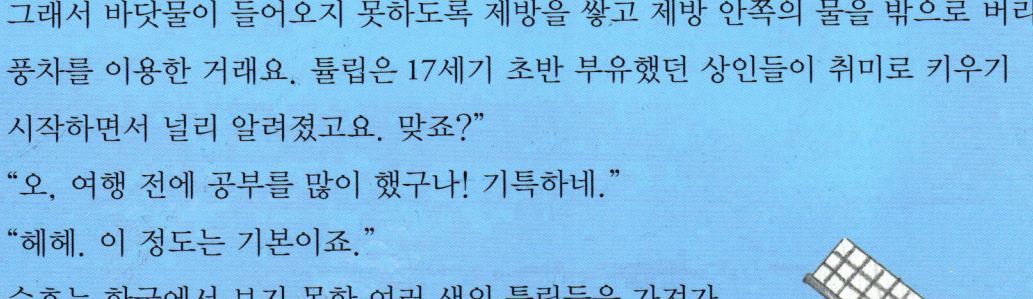

체코와 주변의 여러 나라들

체코는 제2차 세계 대전이 끝난 뒤 독일에서 독립해 체코슬로바키아 공화국이 되었다가, 다시 체코와 슬로바키아로 각각 분리 독립한 나라입니다. 유럽 중앙부와 유럽 동부에는 과거 소련(현재의 러시아)에서 독립한 나라들이 많으며, 유럽 남부 쪽 지중해와 에게 해 부근의 나라들은 관광객에게 인기가 많습니다.

프라하의 마리오네트 인형극

체코의 프라하 시내를 내려다보던 아빠가 수호에게 말했습니다.
"프라하는 10세기부터 발달한 도시야. 각 시대를 대표하는 건축물들이 오랫동안 잘 보존되고 있단다. 유럽에서도 특히 아름다운 도시로 손꼽히지. 수호가 좋아할 만한 곳이 또 있어. 가 볼까?"
"제가 좋아할 만한 곳이라고요?"
"그래. 마리오네트 인형극을 보러 갈 거란다."
"텔레비전에서 본 적 있어요. 인형이지만 손과 발, 얼굴도 마음대로 움직이죠?"
"원래는 유럽의 귀족들이 즐기던 놀이로, 특히 체코에서 발달했단다. 여행하느라 힘들었는데 오늘은 인형극 보면서 마음껏 웃어 볼까?"
자유자재로 움직이는 인형들이 울고 웃고, 싸우고 발길질하는 사이 인형극이 끝났습니다.
"아빠, 저 마리오네트 인형 사 주세요. 엄마 드리려고 그런 거니까 꼭이요."
"허허, 녀석. 핑계도 좋구나."
수호는 공주처럼 생긴 예쁜 마리오네트 인형을 골라 가방에 넣었습니다.

그리스와 튀르키예

그리스와 튀르키예는 에게 해를 사이에 두고 마주한 나라입니다. 그리스는 시민들이 직접 정치에 참여하는 민주 정치가 최초로 시작된 나라입니다. 뿐만 아니라 철학, 과학, 문학, 미술 등 여러 분야에서 유럽 문화에 많은 영향을 끼쳤습니다. 튀르키예는 아프리카, 유럽, 아시아에 걸쳐 대제국을 건설했던 오스만 제국의 후예들이 세운 나라로, 동서양의 문화가 아름답게 조화되어 있습니다.

아크로폴리스의 대표 신전, 파르테논 신전

에게 해를 뒤로하고 아테네에 이르자 아빠는 수호를 높은 언덕으로 데려갔습니다.
"수호야, 그리스는 산지가 많고 평지가 적어 여러 개의 작은 도시 국가들이 발생했단다.
도시 국가 중심지의 언덕에는 신전을 지었는데, 그 언덕을 '아크로폴리스'라고 부르지.
우린 지금 그 언덕을 올라가고 있는 거야. 저기 파르테논 신전 보이지?
전쟁과 지혜의 여신 아테나에게 바친 신전이란다."
"아테나 여신이라면 부엉이와 함께 다니는 여신 맞죠? 그런데 아빠, 그리스 신화에 나오는
신들은 생김새도 우리랑 같고, 우리처럼 싸우고 질투하고 화를 내요. 왜 그런 거예요?"
"그건 그리스 사람들이 자기 자신, 즉 인간을 중히 여기며 신도 인간과
같을 것이라고 생각했기 때문이란다. 그리스가 자연의 영향을 크게 받는 농업 국가가
아니라 상업 국가여서, 노력한 만큼 결과를 얻을 수 있었기에 나온 생각이지."
"그렇구나. 아무튼 신들은 만날 싸우기만 한다니까요. 어린아이처럼요."
수호는 투덜대면서도 신전을 보기 위해 열심히 언덕을 올랐습니다.

핀란드와 북유럽의 여러 나라들

핀란드는 보육 과정부터 대학까지 무상 교육을 실시할 정도로 복지 수준이 높은 나라입니다. 북유럽의 노르웨이, 스웨덴, 덴마크 등의 나라들은 겨울이 길고 추운 데다 과거 왕족들이 결혼으로 동맹을 이루는 등 역사적으로 밀접한 관계가 있었기 때문에 언어와 인종 등이 비슷합니다. 또한 풍부한 천연자원을 개발하고 과학 기술도 꾸준히 향상시켜 높은 생활 수준을 누리고 있습니다.

산타가 있는 산타클로스 마을

"수호야, 산타 할아버지 만나러 갈까?"

"유치원 때 산타 할아버지의 가짜 수염을 보고 나서 저는 산타를 안 믿는걸요."

"정말? 지금부터 우리는 산타클로스 마을에 갈 건데?"

아빠와 수호는 핀란드의 헬싱키에서 기차를 타고 로바니에미에 있는 산타클로스 마을로 향했습니다.

산타클로스 마을에 도착한 수호는 입이 딱 벌어졌습니다.

빨간 털옷을 입은 산타 할아버지가 수호를 반갑게 맞아 주었기 때문입니다.

동화 속에서 본 것처럼 하얀 수염이 덥수룩했고, 코끝에는 안경을 걸치고 있었습니다.

"핀란드 사람들은 산타가 핀란드 사람이라고 생각한대. 눈 쌓인 나무며, 따뜻한 빛이 새어 나오는 오두막집을 보면 꼭 크리스마스 같지? 핀란드 사람들은 전 세계 아이들이 동심을 잃지 않도록 이 산타클로스 마을을 만들었대. 이곳에 편지를 보내면 산타 할아버지가 답장을 보내 주신다는구나."

"정말요? 한국에 돌아가면 나도 산타 할아버지한테 편지 쓸래요!"

수호는 산타클로스의 사무실, 우체국, 기념품 가게를 신 나게 돌아다녔습니다.

◎ 오스트레일리아 : 캥거루

오세아니아의 동물들

▼ 오리너구리

▲ 코알라

▲ 양

수호랑 아빠가 가장 인상 깊었던 곳이에요!

• 오스트레일리아 : 캥거루

한눈에 보는 오세아니아

아름다운 섬들이 모여 있는 지상 낙원

오세아니아는 북반구에 있는 우리나라와 정반대 방향인 남반구에 있는 대륙입니다.
오스트레일리아와 뉴질랜드, 파푸아뉴기니 같은 큰 섬나라와
남태평양의 여러 섬들을 포함하는 오세아니아에는
오스트레일리아 원주민인 어보리진, 뉴질랜드 원주민인 마오리 족 외에도,
18세기 후반부터 유럽에서 이주해 온 많은 유럽 인들이 살고 있습니다.
오스트레일리아와 뉴질랜드는 과거 영국의 지배를 받아 영어를 사용하고
양과 소를 키우는 목축업이 크게 발달했습니다.
최근에는 지구 온난화로 바닷물의 높이가 높아지면서 투발루,
키리바시 등 남태평양에 있는 섬들이 물에 잠길 위험에 처해 있습니다.

오스트레일리아와 뉴질랜드

오스트레일리아와 뉴질랜드는 남반구의 인도양과 태평양 사이에 있는 나라입니다. 두 나라 모두 아름다운 자연환경을 자랑하고 목축업이 발달한 풍요로운 나라로, 이민을 많이 받아들여 여러 대륙에서 온 사람들이 서로 어울려 살고 있습니다. 또한 오늘날까지 영국 여왕을 상징적 국가 원수로 인정하는 영국 연방의 일원입니다.

오스트레일리아의 상징, 캥거루

수호는 바닷가에 인접한 시드니를 둘러보고 나서 동물원으로 향했습니다.
가는 길에 버스 창밖으로 캥거루 떼가 보였습니다. 수호는 환호성을 질렀습니다.
"아빠, 캥거루예요! 저기 캥거루 떼가 있다고요."
"녀석, 눈앞에서 보니 신기한 모양이구나. 하지만 오스트레일리아에서는 일상이란다."
"진짜요? 그런데 아빠, 곰이나 호랑이는 세계 여러 나라에서 볼 수 있는데,
캥거루는 왜 오스트레일리아에서만 볼 수 있어요?"
"오스트레일리아에는 캥거루뿐만 아니라 코알라, 오리너구리, 에뮤 같은 독특한 동물들이
살고 있단다. 왜 그런지 생각해 보렴. 대륙의 위치를 생각하면 알 수 있지."
"아, 오스트레일리아가 다른 대륙에서 너무 멀리 떨어져 있어서 그런 거죠?"
"맞아. 오스트레일리아는 바다 한가운데에 고립된 섬이어서 동물들이 쉽게 이동할 수 없었어.
그래서 이곳에서만 볼 수 있는 고유한 동물들이 많이 있는 거란다."
"아, 그렇구나. 빨리 다른 동물들도 보고 싶어요."
수호는 다른 동물들을 볼 생각에 가슴이 벅차올랐습니다.

러시아: 마트료시카

중국: 만리장성
대한민국: 경복궁
일본: 온천
이란: 양탄자
인도: 타지마할
타이: 수상 시장

아시아의 동물들

▲ 시베리아호랑이

▼인도코끼리

▼판다

▲ 보르네오오랑우탄

수호랑 아빠가 가장 인상 깊었던 곳이에요!

- 러시아: 마트료시카
- 타이: 수상 시장
- 인도: 타지마할
- 대한민국: 경복궁
- 중국: 만리장성
- 이란: 양탄자
- 일본: 온천

48

한눈에 보는 아시아

역사와 전통이 살아 있는 가장 큰 대륙

아시아는 우랄 산맥 동쪽 지역부터 태평양 연안의 대한민국, 일본,
남쪽으로는 적도의 인도네시아까지 이르는 광대한 범위의 대륙입니다.
특히 전 세계 인구의 약 60퍼센트가 아시아에 모여 살고 있고,
세계 4대 문명의 발상지 가운데 메소포타미아 문명, 인더스 문명,
황허 문명까지 모두 세 개의 문명이 아시아에서 일어난 만큼
다양한 인종과 종교, 문화가 어우러진 지역입니다.
아시아에서는 고온 건조한 고비 사막뿐만 아니라 세계에서 다섯 번째로 긴 산맥인
히말라야 산맥, 히말라야 산맥의 최고봉이자 세계에서 가장 높은 산인
에베레스트 산, 끝없이 펼쳐진 평야 등 다양한 자연환경을 만날 수 있습니다.

러시아와 중앙아시아

러시아는 우랄 산맥의 서쪽은 유럽 대륙에, 동쪽은 아시아 대륙에 속합니다. 세계에서 가장 면적이 넓은 나라로, 대부분의 지역이 몹시 춥습니다. 석유, 천연가스와 같은 지하자원이 풍부하며 우주 공학 등 첨단 산업이 발달했습니다. 인도와 러시아 사이에 있는 중앙아시아에는 키르기스스탄, 카자흐스탄 등 '스탄'으로 끝나는 나라 이름이 많습니다.

인형 속에 또 인형이! 신기한 마트료시카

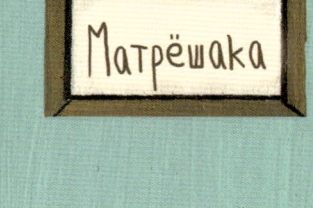

"아빠! 이 인형, 친구 집에서 봤어요."
모스크바의 한 상점에 들른 수호가 눈을 크게 뜨고 말했습니다.
"나무로 만든 인형인 마트료시카란다. 인형 속에 똑같은 모양의 작은 인형이 여럿 들어 있지. 러시아를 대표하는 인형이라 선물로 많이 사 가곤 해."
"와, 이건 작은 인형이 스무 개나 들어 있어요! 어떻게 만들었지?"
"아무래도 인형을 오래 만들어 온 장인들만 만들 수 있겠지. 이렇게 여러 인형이 계속해서 나오는 건 다산, 즉 아이를 많이 낳고 풍족하게 살기를 바라는 의미가 있다고 해. 우리가 결혼한 부부에게 나무로 만든 원앙을 선물하는 것처럼, 러시아 사람들은 마트료시카 인형을 선물한다는구나. 인형에 그려진 옷은 러시아의 전통 의상이란다."
"그럼 엄마 거 하나 살까요? 저도 예쁜 여동생이 있으면 좋겠거든요."
수호의 말에 아빠가 너털웃음을 지었습니다.

중국과 몽골

중국은 아시아 대륙의 동쪽 중앙에 위치한 나라입니다. 14억 명이 넘는 사람이 살고 있는, 세계에서 인구가 가장 많은 나라입니다. 세계 4대 문명 중 하나인 황허 문명이 발생한 지역으로 일찍부터 고유한 문화를 만들어 주변 지역에 전해 주었습니다. 몽골은 한반도보다 7배 정도 큰 나라로, 석탄, 구리 등의 지하자원이 풍부하여 빠른 경제 발전을 이루고 있습니다.

만리장성

중국의 수도 베이징에 도착한 수호는 만리장성을 보러 갔습니다.
"수호야, 만리장성 하면 떠오르는 사람이 누구지?"
"중국을 처음으로 통일한 진나라 시황제요. 북쪽의 흉노족을 막기 위해
과거에 쌓았던 성들을 체계적으로 잇고 늘려서 이렇게 긴 성을 만들었잖아요."
"그래. 그런데 시황제는 죽어서도 큰 영화를 누리고자 크고 화려한 무덤을 만들고
만리장성을 쌓다가 결국 어렵게 통일한 진나라를 멸망에 이르게 했단다.
만리장성은 다른 민족들의 침입을 막는 것 말고도 다른 역할을 했는데, 뭔지 아니?"
"글쎄요. 그건 잘 모르겠어요."
"성벽 중간 중간 작은 탑들이 보이지? 저게 바로 봉화대란다.
만리장성은 낮에는 깃발로, 밤에는 횃불로 나라의 소식을 전했고
성벽 위 길은 말을 타고 달릴 정도로 넓어서 병사들이 빨리 이동할 수 있었지."
수호는 그 옛날 맨손으로 만리장성을 쌓았던 수많은 병사들과 백성들을 떠올렸습니다.

타이와 동남아시아

타이는 동남아시아 국가 중 유럽의 식민 지배를 받지 않은 유일한 나라로, 농업이 발달했으며 인구의 94퍼센트 이상이 불교를 믿습니다. 동남아시아는 중국 남쪽에 있는 인도차이나 반도와 인도네시아, 그리고 주변에 있는 크고 작은 섬나라들을 말합니다. 적도와 가깝기 때문에 일 년 내내 매우 덥고 비가 많이 와 벼농사에 유리한 지역입니다. 많은 노동력과 풍부한 지하자원을 바탕으로 점차 발전을 거듭하고 있습니다.

수상 시장

타이의 수상 시장은 파인애플, 바나나 같은 열대 과일은 물론 생선과 곡식들을 사고파는 소리로 활기가 넘쳤습니다.
"와, 타이에는 이런 수상 시장이 많나 봐요."
"타이와 캄보디아, 인도네시아 등 동남아시아에는 수상 시장이 많단다."
"왜요? 걸어 다니면서 장 보는 게 더 쉽지 않나요?"
"동남아시아는 기온이 높고 비가 자주 와서
숲이 우거진 곳이 많기 때문에 길을 내기가 쉽지 않단다.
대신에 강을 이용한 수로가 발달했지.
또 수상 가옥처럼 배 위에 지붕을 얹은 집이나 강가에 말뚝을 박아 높은 곳에 지은 나무 집이 많단다."
"우아, 그럼 마당이 수영장이겠네요? 시원하겠다."
"그렇지. 그러다 보니 수상 가옥이 모인 곳에 수상 시장이 발달하는 거야.
우리나라도 사람이 많이 모이는 곳에 시장이 생기는 것처럼 말이야."
수호는 늘 새로운 볼거리로 가득한 이 지구가 참 신기하다고 생각했습니다.

이란과 서남아시아

이란은 과거 '페르시아'라고 불렸던 나라로, 풍부한 석유 자원을 가진 에너지 강국입니다. 서남아시아는 아프리카 대륙 동쪽의 아라비아 반도에서부터 인도 서쪽 지역까지를 말합니다. 서남아시아 사람들은 대부분 이슬람교를 믿습니다. 이슬람교를 믿는 사람들은 돼지고기와 술 등을 먹지 않으며, 하루에 다섯 번씩 이슬람 성지인 메카를 향해 기도합니다. 대부분의 지역이 매우 건조하고 사막이 많으며 석유가 많이 생산되고 있습니다.

세계적인 명물, 양탄자

수호와 아빠는 이란의 시장 나들이에 나섰습니다.
뜨거운 햇빛을 피해 건물 안에 자리한 이란 시장은 도자기, 양탄자 같은
물건 외에도 석류와 체리 같은 다양한 과일들로 오가는 사람들의 발길을 붙잡았습니다.
"아빠, 요술 램프랑 마법의 양탄자 사 주세요."
"허허, 녀석! 양탄자를 보니 《알라딘과 요술 램프》가 생각난 모양이로구나.
이란의 양탄자는 질도 좋고 색과 짜임새, 무늬가 아름답기로 유명하지."
"아빠, 이곳에서 양탄자가 발달한 특별한 이유가 있나요?"
"서남아시아는 건조한 기후 때문에 농사짓기가 어려웠어. 그래서 사람들은 가축을 키우며 물과 먹이를
찾아 살 곳을 옮겨 다니는 유목 생활을 했지. 옮길 때마다 매번 집을 지을 수 없으니
천막을 치고 살면서 바닥에 짐승의 털로 만든 양탄자를 깔았어. 양탄자로 간단한 벽도 만들고
낙타 같은 가축의 안장으로도 썼단다. 또 이슬람교에서는 살아 있는 것은 그 무엇도 형상화해서는
안 된다는 믿음이 있어서 정교한 도형이나 꽃 등 화려한 문양이 발달했어.
그래서 양탄자에도 화려한 문양이 많이 들어가 있지."
수호는 양탄자의 화려한 무늬를 손으로 직접 만들었다는 것이 정말 신기했습니다.

인도와 남아시아

인도는 세계에서 두 번째로 인구가 많은 나라로, 불교와 힌두교가 탄생한 나라이기도 합니다. 남아시아는 히말라야 산맥 남쪽의 인도 반도에 있는 나라들과 파키스탄, 방글라데시, 스리랑카, 네팔 등 그 주변 나라들을 말합니다. 히말라야 산맥 때문에 다른 지역과 교류가 적어 독특하고 고유한 문화가 많이 남아 있습니다.

슬퍼서 더 아름다운 무덤, 타지마할

인도 아그라의 푸른 하늘 아래로 하얀 대리석 건물이 반짝였습니다.
타지마할은 보는 사람의 넋을 빼놓기에 충분할 정도로 아름다웠습니다.
"아빠, 진짜 멋져요. 인도에 이렇게 멋진 건축물이 있다니, 몰랐어요."
"지금은 인도 인구의 약 80퍼센트가 힌두교를 믿지만, 옛날에는 북쪽의 이슬람 세력들이 내려와 인도 북부 지역을 침략하고 지배했었단다. 이 타지마할도 '무굴 제국'이라는 이슬람 국가의 '샤 자한' 황제가 죽은 왕비를 위해 지은 이슬람식 무덤이야."
"무덤이라고요? 이렇게 아름다운 건축물이 무덤이에요?"
"그렇단다. 황제가 죽은 왕비를 얼마나 사랑했는지 나라 안에서는 물론 이탈리아, 이란, 프랑스의 건축가와 기술자들을 총동원해서 22년에 걸쳐 완성했지."
"아, 슬픈 사연이 있어서 더 아름다운 건물이구나."
수호는 아빠의 설명을 들으며 조용히 타지마할을 구경했습니다.

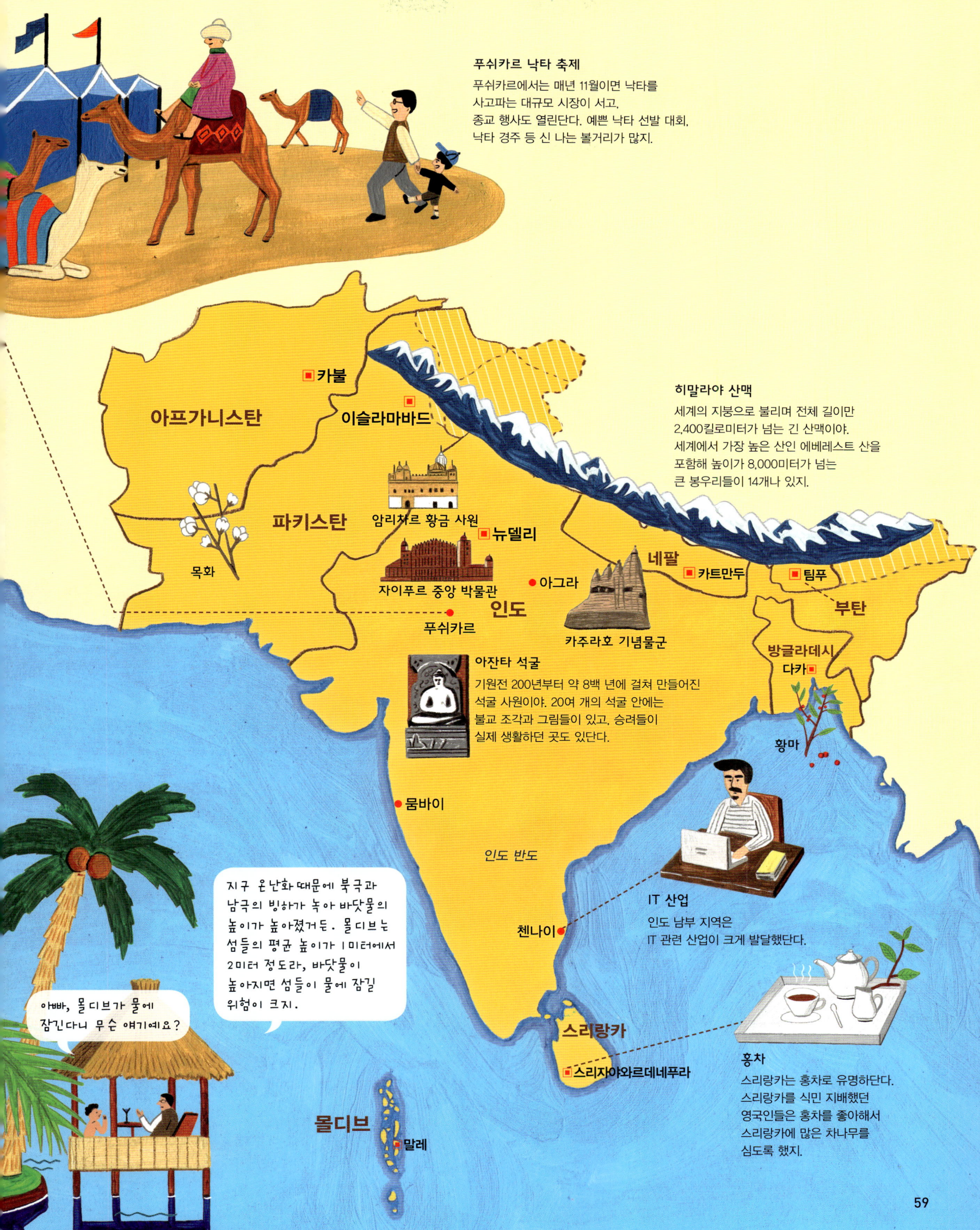

일본

일본은 네 개의 큰 섬(홋카이도, 혼슈, 시코쿠, 규슈)과 크고 작은 수천 개의 섬으로 이루어진 나라입니다. 화산 활동으로 만들어진 섬이기 때문에 지진이 자주 발생하고 토양이 척박하지만, 일찍부터 공업이 크게 발달했습니다. 지금도 자동차, 전자 제품, 선박 등을 세계로 수출하여 많은 이익을 얻고 있습니다.

온천

수호는 우리나라 고속 철도인 케이티엑스(KTX)처럼 빠른 일본의 신칸센을 타고 홋카이도 섬부터 규슈 섬까지 일본 구석구석을 여행했습니다.
여행의 피로를 풀기 위해 수호와 아빠는 온천을 찾아 몸을 푹 담갔습니다.
"휴, 이제야 피로가 풀리는 것 같구나. 몸도 마음도 개운해지고……."
"네. 그런데 아빠, 일본은 정말 온천이 많은가 봐요. 홋카이도랑 도쿄에도 있었잖아요."
"맞아, 일본은 온천이 발달한 나라란다. 그 이유는 일본의 지리적 특성 때문이지. 지구는 여러 개의 딱딱한 판으로 둘러싸여 있어. 이 판은 지구 내부의 힘에 의해 움직이는데 이때 판들이 밀리고 부딪히면서 큰 진동이 일어나. 이것이 지진이고, 땅속에 있던 뜨거운 마그마가 밖으로 흘러나오면 화산이 되는 거야. 일본은 이 판과 판이 만나는 경계에 있어서 지진과 화산 활동이 활발해. 이러한 땅속 지각 활동으로 발생한 열이 지하수를 데워 온천이 발달할 수 있었단다."
수호는 땅에서 뜨거운 물이 펑펑 나오는 것이 마냥 신기했습니다.

대한민국

대한민국은 아시아 대륙의 동쪽 끝에 있는 나라로, 세계에서 유일한 분단국가입니다. 남북으로 길게 뻗은 반도와 3,000여 개의 섬들이 사계절마다 아름다운 풍광을 선사합니다. 대한민국은 정보, 통신, 조선, 철강 등의 산업 분야에서 뛰어난 기술력을 자랑하며 드라마, 영화, 음악, 음식 등 문화적으로도 다른 나라에 많은 영향을 끼치고 있습니다.

조선의 으뜸 궁궐, 경복궁

세계 여러 나라를 돌아보고 한국으로 돌아온 수호는 아빠를 따라 경복궁에 갔습니다.
"수호야, 외국인들이 우리나라에서 가장 많이 찾는 도시는 어디일까?"
"음, 경복궁이 있는 서울 아닐까요?"
"맞아. 14세기에 조선 왕조를 세운 태조 이성계가 당시에는 '한양'이라고 불렸던 서울을 수도로 정하면서, 서울은 600여 년이 넘도록 쭉 수도의 자리를 지켰지. 태조 이성계는 한양에 왕실 가족도 살고 나랏일도 볼 수 있는 궁궐을 지었는데, 그중 첫 번째로 지은 궁궐이 바로 이 경복궁이란다."
"경복궁이라는 이름에 무슨 뜻이 있는 건가요?"
"경복궁의 '경복'은 '큰 복을 빈다.'라는 뜻이란다. 한글이 만들어진 집현전도 경복궁에 있고, 우리나라에서 처음 전깃불을 밝힌 곳도 이곳 경복궁 뜰인 것처럼, 경복궁은 우리 역사를 고스란히 간직하고 있지."
"열심히 둘러보고 외국 친구들이 오면 잘 설명해 줄래요."
수호는 아빠와 함께 경복궁을 꼼꼼히 둘러보았습니다.

다음에 또 가고 싶어요!

아빠와 수호는 여행하면서 찍은 사진들을 정리했습니다.
수호는 많은 사진들을 보고 눈이 휘둥그레져서 말했습니다.
"아빠, 몇 주 전까지만 해도 제가 사막에서
낙타를 타고 있었다는 사실이 믿어지지 않아요."
"아빠도 그렇단다. 우리 아들, 지구를 한 바퀴 돌아본 소감이 어떠니?"
"재미있었어요! 둥근 지구 위에 이렇게 다양한 자연환경과
문화가 공존하고 있다니, 정말 신기했다니까요."
"그래. 세상에는 다양한 자연환경에 적응하며 각자의 문화를 일구어 낸
여러 나라들이 있지. 그런 다양한 문화를 서로 존중해 주는 자세도 필요하단다.
그래야 우리 문화도 존중받을 수 있는 거야."
수호는 미처 가 보지 못한 나라들도 궁금해졌습니다.
더 많이 공부해서 언젠가 꼭 다시 세계 일주를 떠나겠다고 결심했습니다.

스핑크스랑 수호랑 얼레리 꼴레리!
10월 3일 이집트에서

찾아보기

ㄱ

가우초	19
가톨릭	37, 55
감자	11, 18
거북이	17
게	61
게이트 웨이 아치	13
경복궁	48, 62
고무나무	55
고비 사막	49, 53
골든 게이트 교	11
괭이갈매기	63
구엘 공원	29
그랑 플라스	37
그랜드 캐니언	11
그레이트 배리어 리프	47
그리니치 천문대	27
그린란드	9
금강산	63
금관	63
금광	47
긴수염고래	6, 19

ㄴ

나막신	37
나스카의 지상화	17
나이아가라 폭포	8, 9
나폴리 항	35
네스 호	27
노벨상	39, 43
노이슈반슈타인 성	33
니캅	57

님 아렌느 원형 경기장	31

ㄷ

대구	9
대서양퍼핀	24, 27
대추야자	57
델포이 고고 유적	41
도쿄 타워	61
돌멘	17
동방명주 탑	53
두리안	55
두브로브니크 성벽	39
드라큘라 성	39
드로트닝홀름 궁전	43

ㄹ

라마	17
라스코 동굴 벽화	31
라 토마티나	29
라틴 다리	39
러시모어 산	11
럭비	27
로키 산맥	8, 9, 11
루브르 박물관	31
루터란 대성당	43
룩셈부르크 중세 요새 도시	37
리에주 와플	37
리우 카니발	17

ㅁ

마리오네트 인형극	24, 38

마리 퀴리	39
마야 인	14, 15
마젤란 펭귄	19
마추픽추	17
마트료시카	48, 50
만리장성	48, 52
말	63
맥주	24, 32, 33
메이플 로드	6, 8
멕시코 요리	15
모아이	19
목화	13, 59
몽골 족	53
몽 생 미셸 수도원	31
무용총 수렵도	63
맨해튼	13

ㅂ

바나나	14, 15, 54
바스크 인	29
바이킹 박물관	43
바티칸 시국	35
반팔 입은 산타클로스	47
발레	51
백두산	63
버킹엄 궁전	24, 26, 27
베긴회 수녀원	37
베두 인	23
베르사유 궁전	24, 30, 31, 33
베를린 장벽	33
벨렘 탑	29
보르네오오랑우탄	48, 55

부다 왕궁	39
부르즈 할리파	57
북극곰	6, 9
북청 사자 놀음	63
비버	9
빅토리아 호	23
빈센트 반 고흐	37

ㅅ

사과	61
사그라다 파밀리아	29
사탕수수	11, 16
사하라 사막	21~23
산타 마리아 델 피오레 대성당	35
산타클로스 마을	24, 42
산티아고 데 콤포스텔라 대성당	29
삿포로 눈 축제	61
상크트 바실리 대성당	51
샤르트르 대성당	31
석유	15, 16, 21, 50, 51, 55~57
성 소피아 대성당	39
세비야 대성당	29
세종 과학 기지	19
소시지	24, 32
소크라테스	41
솔즈베리 대성당	27
쇤부룬 궁전	33
수상 시장	48, 54
스노보드	11
스카이 트리	61
스톤헨지	27
스핑크스	20, 22, 64
시계	33
시베리아 횡단 철도	51
시에나 역사 지구	35
신칸센	60, 61
실리콘 밸리	10, 11
심포니 오브 라이트	53
쌀	55
CN 타워	9

ㅇ

아나콘다	17
아마존	6, 7, 16
아소 산	61
아야소피아	41
아오지 탄전	63
아이스하키	8, 9
아잔타 석굴	59
아콩카과 산	19
아타카마 사막	19
악어	23
안네 프랑크의 집	37
안초비	35
알래스카	9
알프스 산맥	25, 32~35
암리차르 황금 사원	59
앙코르 와트	55
앙헬 폭포	17
양모	27
양탄자	48, 56
에이야프야틀라이외쿠틀	43
에펠 탑	31
엘리자베스 타워	27
열기구 축제	11
오사카 성	61
오줌싸개 소년	37
오페라 하우스	47
온천	48, 60, 61
올리브	35, 57
올림피아	41
올메크 문명	15
와인	19, 29, 31
왈츠	33
요들송	33
우르네스 목조 교회	43
울루루	47
웜뱃	47
윌리스 타워	13
윌리엄 셰익스피어	27
이구아수 폭포	19
인어공주 동상	43
임업	51
IT 산업	59

ㅈ

자금성	53
자동차	13, 31~33, 60
자유의 여신상	6, 12, 13
자이언츠 코즈웨이	27
자이푸르 중앙 박물관	59
자작나무	43
장미	11, 39
장미 축제	39
재즈	13
전주비빔밥	63

제주 오름	63
주홍 마코앵무새	15
진돗개	63
진시황릉	53

ㅊ

차	53
천연가스	50, 51
철갑상어	24, 39
초콜릿	37
축구	17
치즈	31, 37
치첸이트사	6, 14, 15

ㅋ

카바	57
카스텔라	61
카주라호 기념물군	59
카지노	11
카파도키아	41
칸 영화제	31
캥거루	44, 46
케네디 우주 센터	13
케밥	41
코알라	44, 46, 47
코코아	21, 23
콘도르	6, 19
콜로세움	24, 34, 35
쾰른 대성당	33
크노소스	41
키위	47
킬리만자로 산	23

ㅌ

타오르미나 그리스 극장	35
타지마할	48, 58
탄광	33
탱고	6, 18
토네이도	13
토템 기둥	9
통곡의 벽	57
투우	24, 28
투탕카멘 황금 마스크	23
트로이	41

ㅍ

파나마 운하	15
파르테논 신전	24, 40, 41
파묵칼레	41
파에야	29
파인애플	11, 54
판다	48, 53
팔만대장경	63
패션	30, 35
폼페이	35
푸쉬카르 낙타 축제	59
풍차	24, 36
플라멩코	29
피라니아	17
피사의 사탑	35
피오르	43

ㅎ

하버드 대학	13
할리우드	6, 10
해바라기	29, 39
헤이안 신궁	61
호랑꼬리리머	23
호박 보석	39
홍차	59
화성	63
황마	59
황초령 신라 진흥왕 순수비	63
후지 산	61
흑맥주	27
히말라야 산맥	49, 58, 59

글 신지혜

서울대학교 지리교육과를 졸업하고 같은 학교 대학원에서 석사를 마쳤습니다. 언젠가는 반드시 세계 여행을 하겠다는 마음가짐으로 이 책을 썼습니다. 어린이 독자들도 꼭 한번 아빠와 함께 세계 여행을 떠나, 책을 통해 알게 된 세계 여러 나라의 이모저모를 실제로 경험해 볼 수 있기를 바랍니다.

그림 나수은

한양대학교 금속디자인과를 졸업하고 아트박스 디자인실에서 디자이너로 일하다가 지금은 일러스트레이터로 활동하고 있습니다. 사는 곳도, 먹는 것도, 생활하는 것도 다른 전 세계 방방곡곡을 작은 종이 위에 더 아기자기하고 재미있게 담기 위해 열심히 그림을 그렸습니다. 그린 책으로 《꿀맛》《방드르디, 야생의 삶》들이 있습니다.

아이세움 지식그림책 033

어린이를 위한 세계 지도책 : 아빠와 함께 지구 한 바퀴

글 신지혜 | 그림 나수은
펴낸날 2014년 10월 20일 초판 1쇄, 2023년 9월 1일 초판 12쇄
펴낸이 신광수 | **CS본부장** 강윤구 | **출판개발실장** 위귀영 | **디자인실장** 손현지
아동콘텐츠개발팀 박재영, 백한별 | **출판디자인팀** 최진아, 강륜아 | **저작권 업무** 김마이, 이아람
출판사업팀 이용복, 민현기, 우광일, 김선영, 최재용, 신지애, 허성배, 이강원, 정유, 설유상, 정슬기, 정재욱, 박세화, 김종민, 전지현
CS지원팀 강승훈, 봉대중, 이주연, 이형배, 이우성, 전효정, 신재윤, 장현우, 정보길
펴낸곳 (주)미래엔 | **등록** 1950년 11월 1일 제16-67호 | **주소** 서울특별시 서초구 신반포로 321
전화 미래엔 고객센터 1800-8890 팩스 541-8249 | **홈페이지 주소** www.mirae-n.com

© 신지혜, 나수은 2014

이 책은 무단으로 전재하거나 복제할 수 없습니다.

ISBN 978-89-378-8667-6 77980

책값은 뒤표지에 있습니다.
파본은 구입처에서 교환해 드리며, 관련 법령에 따라 환불해 드립니다. 다만, 제품 훼손 시 환불이 불가능합니다.